AF370167

LE BALLET DE LA MARINE.

DANSÉ DEVANT LEVRS MAIESTEZ,
à l'Arsenac, le 25. Feurier, 1635.

A PARIS,

Chez ANTHOINE DE SOMMAVILLE, au Palais, en
la petite Salle, à l'Escu de France.

AVEC PRIVILEGE. 1635.

SVIET DV BALLET.

Q VAND la valeur & les armes de LOVIS eu-
rent eſtouffé l'hereſie & deſtruit les forces
d'vn party qui auoit eſté iuſqu'icy la matiere
de nos guerres Ciuiles, ce meſme Roy le
plus iuſte de tous les Monarques aſſi-
ſté des ſages conſeils du plus grand Eſprit qui fut iamais appellé au premier Miniſtere de la France, fit
deſſein de rendre a ſes peuples, les richeſſes & la paix que
les malheurs & les troubles inteſtins leur auoient trop lon-
guement deſrobées. Pour cela il reſtablit le commerce
que la Mer ne refuſe qu'à ceux qui n'ont pas la force de s'y
conſeruer, & pour ſe rendre fauorable aux entrepriſes de
ſes ſubiets, il fit equipper vne flotte de vaiſſeaux qui en vn
moment nettoya toutes les coſtes, & les rendit libres de
toutes les courſes dont les Pirattes auoient accouſtumé
de les incommoder. Ce ne fut pas là qu'elle borna le
cours de ſes victoires, mais pouſſant iuſqu'aux lieux
qui n'auoient preſque eſté connus de perſonne, elle ſe ſi-
gnala par tant de combats & de triomphes qu'on a pû
auecque raiſon en tirer le ſujet de ce Ballet à qui l'on
donne le nom de la MARINE. l'Ouuerture de la premie-
re partie ſe fait par vn recit de Nereïdes & de Dieux

Marins qui viennent annoncer à la France le retour de
ses vaisseaux glorieux, & la seconde est tirée de l'estime des
Princes estrangers qui rauis des merueilles du plus grand
Monarque du monde, enuoyent porter à sa Majesté par la
bouche de leurs Ambassadeurs, les asseurances d'vne af-
fection qu'ils protestent deuoir estre inuiolable.

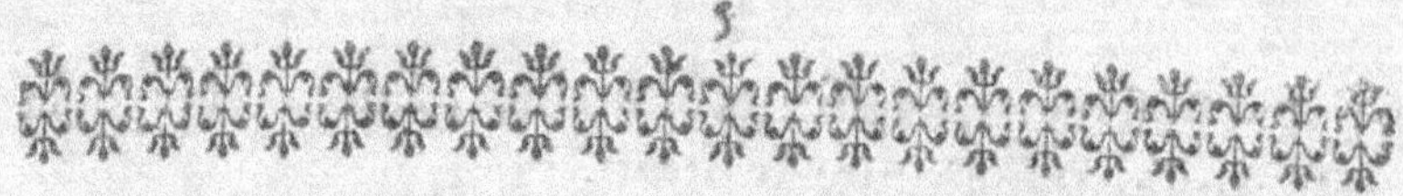

LES ENTREES DV BALLET, OV
tous ceux qui dansent sont nommez selon
l'ordre auquel ils entrent.

Recit des Nereïdes.
Accompagnées de Neptune & de Thetis.

PREMIERE ENTREE.

1. TRitons, Messieurs de Sainctot Lardenay, Henaut, la Haye, & le petit Lore.
2. L'Admiral, le sieur Lore: son Lieutenant, M. de Cuzac:
l'Enseigne, M. le Cheualier Desroches · le Corsaire captif, le sieur Desnoyers.
3. Le Pilote, M. Francinet.
4. Les Matelots, Messieurs de Coalin, Baro, Brion, & la
Trousse.
5. Deux Estropiats, Messieurs de Monjoly, & Mongey.
6. Trois Soldats, Messieurs de Maulevrier, Chamboniere & le petit Lore.
7. L'Escriuain, M. Iacquier.
Chandenier.
9. Le Pere, la Mere, la Fille, & le Fils, Messieurs Henaut, de
Sainctot Lardenay, Deffiat, & Rouuille.
10. Vne Espagnole, vn François, vn Bohemien, vn Po-
lonois, & vn Anglois, Messieurs de Maulevrier, Poyane, Dauphin, & Desnoyers.
11. Vn Astrologue, M. Sainctot.

12. Les Pescheurs, Messieurs Francinet, Lore, la Haye, la Trousse, & le Comte de Brion.

13. Le Maistre des Singes, Monsieur Picot, suiuy de trois singes, & d'vn Perroquet.

SECONDE PARTIE.

Recit de la Renommée.

1. VN Ambassadeur Moscouite, Monsieur le Comte de Brion.

2. Trois Moscouites: Messieurs de Chamboniere, Ariague, & Mongey.

3. Deux Ambassadeurs Laponois : Messieurs de Poyane, & Henaut.

4. Deux Laponois, & deux Laponoises, Messieurs de Carces, Iacquier, la Haye, & le petit Lore.

5. Vn Ambassadeur Persan , Monsieur le Marquis de Coalin.

6. Trois Persans : Messieurs de Cuzac, Chambonieres, & Francinet.

7. Deux Ambassadeurs Chinois, Messieurs Deffiat. &c.

8. Quatre Chinois : Messieurs Baro , Lore , Iacquier , & Picot.

9. Deux Ambassadeurs Mores, Messieurs Francinet, & de Sainctot Lardenay.

10. Quatre Mores : Messieurs de Maulevrier , la Trousse, Rouille, & de Carses : & deux Morisques, Messieurs de Brion & Dauphin.

CONCERT DE LVTHS.

DERNIERE PARTIE.

1. SIx Pigmées.

2. Trois Geants, Messieurs Ariague, Mongey, & Noiron.

3. Deux Ambassadeurs des Incogneus, Messieurs de Brion & Poyanne.

4. Les Incogneus, Messieurs, le Cheualier Desroches, Francinet, & le petit Lore.

5. Vne Ambassadrice Amazone, le sieur Loré.

6. Quatre Amazones, Messieurs de Coalin, de Cuzac, Baro, & Desnoyers.

Musique crotesque des Sauuages.

7. Trois Ambassadeurs Americains, Messieurs Dauphin, Henaut, & Chamboniere.

Derniere Entrée : Six Topinambours, Messieurs la Haye, Mongey, Ariague, Iacquier, le petit Lore, & Lore.

VERS
POVR DIVERSES
ENTREES DV BALLET
de la Marine.

RECIT DES NEREIDES ET DES
Dieux Marins.

A LA FRANCE.

APres tant de perils, apres tant de tempestes
Tes superbes vaisseaux destinez aux conquestes,
Sont enfin de retour:
Aux lieux plus esloignez ils ont cherché la gloire,
Et porté la victoire
Par tout ou le Soleil auoit porté le iour.

Par eux mille captifs qui mouroient sous les chaines
Ont pû ioindre au plaisir de sortir de leurs peynes
Celuy d'estre vangez,
Et par vn chastiment & iuste & necessaire,
Ils ont veu leur corsaire
Dessous les mesmes fers dont ils estoient chargez.

Les armes de ton Roy le plus grand des Monarques
Sur l'vne & l'autre Mer feront comme les Parques,
Le destin des humains:
Et par l'authorité que sa vertu luy donne,

Il n'est point de Couronne
Qui ne couure sa teste ou ne tombe en ses mains.
    Desia les Nations barbares & Ciuiles
Pour venir voir l'esmail de tes plaines fertiles
Font vn riche dessein,
Et pour rendre vn hommage au Dieu de ta fortune
On fait gemir Neptune
Sous le faix des tresors qu'il auoit dans le sein.
    Mere des beaux Esprits, Maistresse des sciences
Redouble tes plaisirs auec tes esperances,
Ose tout desormais,
Le regne de LOVIS sera plein de miracles,
Et tu tiens ces Oracles
De la bouche des Dieux qui ne mentent iamais.

POVR L'ADMIRAL, AMENANT VN
Corsaire captif.

AVX DAMES.

SOurces d'Amour inespuisables,
  Beautez dignes de tant d'Autels,
Et qui sçauez regner sur l'esprit des mortels
Par des appas ineuitables:
Voyez bien ce Captif dont ie suis le vainqueur,
Les fers qu'il porte aux mains ie les porte en mon cœur.
    Mais ce Corsaire a l'esperance
De sortir de captiuité,

Et de voir quelque iour l'excés de ma bonté
Consentir à sa Deliurance,
Au lieu qu'estant blessé d'vn regard seulement,
Ie veux que ma prison dure eternellement.

POVR LE PILOTE.
A CALISTE.

SOit pour entendre la Boussole,
Soit pour bien cognoistre les Mers,
Les Pilotes les plus experts
Ne l'ont appris qu'en mon Escole;
I'ay vaincu les vents & les flots
Au moment que mes Matelots
Ne sçauoient à quoy se resoudre,
Et mon courage glorieux
Ne peut mesme craindre la foudre
Qu'alors qu'elle part de tes yeux.

POVR M. LE MARQVIS DE COALIN REPRE-
sentant vn Matelot.

I'AY couru les humides plaines,
I'ay veu des bancs & des Syreines
Dont les puissants efforts ne m'ont point arresté,
Cependant ie me voy sur le front du riuage
Contre vn Escueil viuant faire vn mortel naufrage
Et cherchant mon repos perdre ma liberté.
Belle Amynte que ie veux suiure,
Pour qui ie veux mourir & viure,
Rendez-vous plus traitable, ayez l'esprit plus doux,

Accordez moy la paix apres vn peu de guerre,
Sinon ie publiray iustement sur la Terre,
Que la Mer que ie quitte est plus douce que vous.

POVR MONSIEVR LE COMTE DE BRION,
representant vn matelot.

EN vain i'ay tasché de perir
Dedans l'humide sein de l'onde,
Vn obiet le plus beau du monde
S'est reserué l'honneur de me faire mourir:
Chaque iour ses rigueurs en auancent l'ouurage,
Et pour mieux me reduire au point de mon naufrage
Ses charmes nompareils me forcent d'approcher,
Mais soudain pour bannir tout l'espoir qui me touche
La foudre est dans ses yeux, le Tonnerre en sa bouche,
Et son ame est pour moy plus dure qu'vn rocher.

POVR M. DE LA TROVSSE, REPRESENTANT
vn matelot.

IE suis de tous les Matelots
Le plus asseuré dans l'orage,
Il m'est esgal d'estre au riuage
Ou d'estre à la mercy des flots:
Ie cours de l'vn à l'autre monde
Sans craindre du vent ny de l'onde
La violence ny l'orgueil,
Mais ô ma bizarre fortune :
L'Amour fait qu'en ces lieux ie rencontre vn Escueil
Plus dangereux pour moy que tous ceux de Neptune.

POVR MONSIEVR BARO, REPRESENTANT
vn Matelot.

A CLORISE.

OBject de mes desirs, chef-d'œuure de Nature,
Delices de mes yeux, miracle de beauté
Croy que d'vn Matelot i'ay mieux la qualité
Que dessous cet habit ie n'en ay la figure.

Mon amoureux dessein est le vaisseau de guerre
Où ie suis embarqué : mes larmes sont les flots,
L'Ancre c'est mon espoir, les vents sont mes sanglots,
Et ta grace est le haure où ie veux prendre terre.

Quand de quelques mespris ta cruauté m'outrage,
Ce sont autant d'escueils qui m'esloignent du port,
Ie suis dans la tourmente, & malgré mon effort
Le vaisseau se rencontre au point de son naufrage.

Mais quand de tes regards, la douceur & la grace
Tesmoignent que ton cœur ressent mes passions,
C'est alors que ie voy le nid des Alcyons
Sur la face des eaux ramener la bonace,

Ainsi, comme il te plaist, tu fais ma destinée,
Mais si tu n'es ingratte à mon extréme foy,
Fay que viuant tous deux sous vne mesme loy,
La Mer ne soit iamais contre moy mutinée.

Pour des Estropiats.

QVel homme dans tout l'Vniuers
Nous estimera miserables,
S'il void les playes honorables
Dont nos corps sont presque couuerts:

Nos os tous brisez de blessures
Montrent qu'aux grandes auentures
Nous portons vn courage franc,
Et que nous n'achettons la gloire
De voir nostre nom dans l'histoire
Que par le prix de nostre sang.

POVR DES SOLDATS.

Nous auons surmonté les iniures du sort,
Et malgré la fureur des Elements contraires,
Apres auoir cent fois triomphé des Corsaires,
Nous venons apporter nos lauriers dans le port :
Mais auant que l'on nous separe
Courage amis, qu'on se prepare
Aux plaisirs qui nous sont permis,
A la santé du Roy, beuuons, faisons merueilles,
Et vuidons autant de bouteilles
Que nous auons sur Mer renuersé d'ennemis.

POVR L'ESCRIVAIN DV VAISSEAV.

Ie tiens, & fay tous les registres
De ce qui touche le vaisseau,
Et nous n'auons rien dessus l'eau
Dont ie ne conserue les tiltres.
Mais par vn soin moins general
Des beaux faits de nostre Admiral,
I'ay fait vn si riche volume,
Qu'il faut que la posterité
Accorde au trauail de ma plume
Le prix de l'immortalité.

POVR MONSIEVR LE COMTE DE
Carces, representant vn Canonier.

ENcore que mon Art veuille que dans la guerre
Mes Canons tous les iours se trouuent sur les rangs
Ie hay les bastions qui foibles sur les flancs
Sont dés le premier coup renuersez sur la terre.
   On ne doit employer les efforts du Canon
Qu'à ces places de qui le nom
En peut donner vn en l'histoire,
Et si ie suis capable auiourd'huy d'vn defaut,
C'est que tous mes desirs amoureux de la gloire
Mirent vn peu trop haut.

POVR MONSIEVR DE LA TROVSSE
representant vn Canonier.

IL n'est mur ny vaisseau dont la puissante foudre
Que mon bras sçait lancer ne fasse de la poudre,
Mon Canon fait trembler l'vn & l'autre Element,
Il est l'executeur des Arrests de Belonne,
Tout homme l'apprehende, & mesme quand il tonne
La peur saisit les Dieux dessus le firmament.
   Par luy ie suis nommé l'effroy de tout le monde
Mais pour vne beauté qui n'a point de seconde,
L'Amour armé de flame espouuante mon cœur:
Triomphez, ô beauté sur le char de la gloire,
Mon courage abbatu vous cedde la victoire,
Et veut perdre pour vous le tiltre de vainqueur.

POVR MONSIEVR DEFFIAT REPRESENTANT
vne fille qui rencontre son frere au retour d'vn voyage.

VEux-tu sçauoir mon frere,
  Comment i'ay pû flatter cette douleur amere
Dont ta cruelle absence à mon cœur trauersé;
I'ay conceu plus de vœux que tes vents n'auoient d'ailes
Et mes yeux se fondant en larmes eternelles
Ont plus versé de flots que tu n'en as passé.

POVR MONSIEVR DE SAINTOT LARDENAY RE-
presentant la mere de l'Esclaue.

I'Estime de mon fils l'heureuse seruitude,
  Et le sort en ce point luy fut plus fort que rude;
Il receut trop d'honneur de se voir combatu
Par les Armes d'vn Roy si puissant & si braue,
Si le sort du combat ne l'eût point fait Esclaue,
Il l'eut tousiours osté de sa belle vertu.

POVR MONSIEVR LE COMTE DE BRION RE-
representant vn Pescheur.

MAlgré mes soings & ma raison,
  Mes yeux prés d'vn obiect le plus charmant
  du monde
Ont pris beaucoup plus de poison
Que ie m'en ay ietté dans le cristal de l'onde,

Diane à des appas qu'on ne peut euiter,
Mais puisque sa rigueur ne se peut surmonter
Ie voy qu'il faut perir quelque effort que ie fasse,
Aussi le desespoir qui m'ouure le tombeau
Fait qu'à chaque moment ie veux prendre la place
Des poissons que mon Art tire du sein de l'eau.

POVR MONSIEVR DE LA TROVSSE REPRE-
sentant vn Pescheur.

PAr tout où l'occean ses vastes bras desslaye,
    I'ay ietté ma ligne & mes rets
Et du gouffre des eaux recherchant les secrets,
Il n'est point de poisson qui n'ait esté ma proye,
Pescheur le plus heureux qui respire le iour,
I'ay fait voile à la fin sur les vagues d'Amour
Pour prendre vne Syrene à l'appas de mes larmes,
Mais ses yeux & sa voix ont troublé mes esprits,
Et par la force de leurs charmes,
Quand i'ay pensé la prendre elle mesme m'a pris.

POVR MONSIEVR PICOT REPRESENTANT
vn Maistre des Singes.

A CLORIS.

I'Apprends aux Animaux l'Art de me contenter,
Ie les fay quand ie veux rire, danser, chanter,
Enfin il n'est deuoir à quoy ie ne les range,
Et puisque leur esprit est au dessous du tien,

Inhumaine

Inhumaine Cloris, n'est-ce pas chose estrange
Que ie ne puis t'apprendre à me vouloir du bien.

LA CHANSON DV PERROQVET.

BElles ie ne sçaurois celer,
Ny dire le mal qui m'outrage,
Permettez que ie r'entre en cage
Afin d'apprendre à vous parler.
Perroquet mignon, ô le compagnon
    Perroquet mignon.
  Si vous me donnez le loisir
D'apprendre ce qu'il vous faut dire,
Ie vous feray pasmer de rire,
Et moy ie mourray de plaisir,
Perroquet mignon! ô le compagnon.
    Perroquet mignon.

POVR MONSIEVR LE MARQVIS DE MAV-
levrier representant vn François.

SOus ce nom de François ie veux bien faire entendre
Qu'aisement à l'Amour ie me laisse emporter,
Qu'il faut des beautez pour me prendre
Et des faueurs pour m'arrester.

POVR MONSIEVR LE CHEVALIER DES-
roches, representant l'enseigne de l'Admiral.

ADorables Tyrans, beaux yeux remplis de char-
    mes,
Mon cœur qui doit ceder à l'effort de vos armes

Ne cherche en combattant qu'un superbe Tombeau
N'espargnez pas vos traits, faites luy mille bresches,
Car ie veux tout couuert de fleches
M'enseuelir dans mon drapeau.

SECONDE PARTIE.

RECIT DE LA RENOMMEE.

AV ROY.

GRAND ROY, la merueille du monde,
Ie viens des bouts de l'Vniuers,
Mais dans tous les Climats diuers
De la terre & de l'onde;
Ie n'ay rien veu qu'on puisse comparer
Aux grandes actions qui te font adorer.
     Par tout où les peuples barbares
Ignoroient les Dieux & les loix,
I'ay porté si haut tes exploicts
Et tes vertus si rares
Que le respect de ton nom glorieux
Leur tient lieu desormais & de loix & de Dieux.
     Voicy les tesmoings veritables
De tous les bruits que i'ay semez,
Ils montrent bien qu'ils sont charmez
De tes faits admirables,
Car n'ayants pû dans tes fameux combats
Voir l'effect de ta foudre il viennent voir ton bras.

POVR MONSIEVR LE COMTE DE BRION,
representant vn Ambassadeur Moscouite, dont l'habit est couuert de l'armes & de flames.

I'Ay beau charger de sacrifices
Les Autels des Diuinitez,
Au lieu de finir mes supplices
Diane chaque iour accroist ses cruautez:
Les ruisseaux de mes pleurs dont la course eternelle
Moüille les belles mains de cette criminelle,
La trouuent insensible aux douleurs que ie sens,
Dans cette extrémité ne suy-ie pas à plaindre
Les Dieux pour m'assister paroissent impuissants,
Et l'eau nourrit mes feux au lieu de les esteindre.

POVR MONSIEVR LE COMTE DE CARCES
representant vn Lapponnois

AVX DAMES.

QVe le bruit de vostre beauté
Vous doit donner de vanité:
Beaux yeux remplis d'appas, superbes Roys des ames,
Puis que le seul renom m'a sousmis à vos loix,
Et iusqu'au bout du monde a fait naistre mes flames
A trauers des glaçons, des rochers & des bois.

POVR MONSIEVR LE MARQVIS DE COALIN RE-
presentant vn Ambassadeur Persan.

EN faueur d'vne belle a vaincre coustumiere,
Mon bras a desmoly tous les fameux Autels

Qu'il auoit esleuez à la viue lumiere,
Qui du Ciel iusqu'en terre eschauffe les mortels:
Amynte a des appas dont la force est extreme,
Si son corps est parfait son esprit est de mesme,
Ell'a des qualitez à qui rien n'est pareil,
Aussi quand nostre loy fauorable ou nuisible
Me voulust faire vn Dieu d'vne chose visible,
Ie creus que c'estoit d'elle & non pas du Soleil.

POVR MONSIEVR DE CVZAC REPRESENTANT
vn Persan.

IE suy tous les plaisirs où l'aage me conuie
Dans l'ardeur de mes feux ie n'ay point de pareil,
Et si visiblement i'adore le Soleil,
C'est que sous son beau nom ie reuere Syluie.

POVR DES CHINOIS.

COmme fils du Soleil nos Roys ont l'aduantage
De receuoir de luy la lumiere en partage,
Et de la regarder, sans en estre esblouis;
Mais ne voyons nous pas, insensez que nous sommes,
Que ce n'est qu'vne fable, & qu'icy bas LOVIS
Voit plus clair que les Dieux, ny que les autres hommes.

POVR MONSIEVR DE SAINCTOT LARDE-
nay representant vn Ambassadeur More.

D'Riuage bruslé qu'vne mer escumeuse
De flots impetueux va sans cesse battant,
Ie viens vers ce grand Roy dont la gloire fameuse
De Climat

De climat en climat iufqu'au noftre s'eftend,
Ie luy viens prefenter tout l'or de noftre Empire
Pour la haute conquefte où fa valeur afpire,
Mais mon offrande eft vaine, & la fource de l'òr
Seroit mefme inutile à cet heureux Monarque,
Puis qu'ayant Richelieu dans fa guerriere barque,
Il poffede en luy feul vn immenfe threfor.

POVR MONSIEVR LE COMTE DE BRION,
reprefentant vn More.

O Dieux! quel fubit changement!
 Quel prodige! quelle auenture
Contre l'ordre de la Nature
Ie deuiens More en vn moment;
Diane a caufé ce miracle :
Car fes yeux malgré tout obftacle
Font fur moy de fi grands efforts,
Qu'il faut que l'ardeur de ma flame
Faffe paroiftre fur mon corps
Le mal qu'elle fait dans mon ame.

POVR M. DE LA TROVSSE, REPRESENTANT
vn More.

SI d'entre tout le peuple More
 Ie fuis le More le plus noir,
C'eft vn effect puiffant du feu qui me deuore;
Le Soleil le plus chaud n'eût pas eu ce pouuoir;
Ie nourris vn brafier au profond de mon ame

F

Qui fait voir au dehors des signes de sa flâme:
L'Amour l'a luy mesme attizé,
Sa flâme dans mon cœur est toute renfermée,
Et de ce feu secret viuement embrazé,
Ma noirceur n'est que la fumée.

POVR M. LE MARQVIS DE COALIN REPRE-
sentant vn More.

AVX DAMES.

DE ces barbares lieux où le flambeau du iour
Des rayons de sa belle flâme,
Me noircit en faisant son tour
Le teint mais non pas l'ame:
Ie viens confesser deuant tous
Que si le Soleil a chez nous
Des feux qui teignent le visage,
Vos yeux pour vn plus doux effect
Et pour vn plus aymable visage
En ont qui bruslent to ut à fait.

POVR MONSIEVR LE MARQVIS DE
Maulevrier representant vn More.

BEautez que tout le monde adore,
Et dont l'esclat est sans pareil,
Pour fuir l'ardeur du Soleil
I'ay quitté le riuage More:
Mais que ie fus mal conseillé,

En vain ie me suis trauaillé
Pour ne plus ressentir sa flâme,
Puis qu'arriuant dedans ces lieux,
Mille Soleils en vos beaux yeux
Consument mon corps & mon ame.

POVR MONSIEVR LE CHEVALIER DES-
roches, representant vn Incogneu.

DEpuis le iour fatal que la belle Syluie
Tient mon ame asseruie,
Agreable repos, qu'estes-vous deuenu?
Ie porte vn cœur tremblant sous vn visage blesme
Ie ne me cognois plus, ie ne suis plus moy mesme,
Faut-il donc s'estonner si ie suis Incogneu.

POVR LES AMAZONES.

PENTHASILEE AV ROY.

RAce de ces femmes Antiques
De qui les merueilleux exploicts
Fournirent d'exemples aux Rois,
Et de regles aux Politiques,
Ie prefere la Seine aux eaux de Thermodon,
Et ceinte des lauriers (dont l'honneur me fit don
Si tost que i'eus reduit mes ennemis en cendre)
Ie vien ioindre ma force à tes faits inoüys,
Et publier icy que l'Amour d'Alexandre
Ne me pleut iamais tant que celle de LOVIS.

Ce n'eſt pas qu'vne humeur volage
Puiſſe triompher de mon cœur,
Mais c'eſt que ce nouueau Vainqueur
Me contraint de luy faire hommage.
Si les traits de mes yeux & l'effort de mes mains
Engagent à m'aimer ce dompteur des humains,
Quel comble de bon-heur, quel exces de delices!
Et combien que ie bruſle au feu de ſes regards
Ie n'abandonne point mes premiers exercices,
Puiſque ſuiure LOVIS c'eſt touſiours ſuiure Mars.

POVR MONSIEVR DE SAINCTOT LAR-
denay repreſentant vn Triton.   *

IE deuance le Char où Neptune eſt porté,
I'ay ſoin le Cor en main d'annoncer ſon paſſage,
Le vent cede à ma voix, la tempeſte & l'orage
Quittent la place au calme, & lHyuer à l'Eſté,
Si tu daignes grand Roy ſoumettre à ta fortune
Tout l'Empire des flots comme vn autre Neptune,
I'iray guide fidelle au front de tes Vaiſſeaux,
Et ce grand Admiral qui prend ſoin de ta gloire,
Dont l'eſprit comme en terre eſt conneu ſur les eaux
Fera marcher par tout auec toy la Victoire.